Couverture : Raphaël, *La Madone Sixtine* (détail), 1513, Dresde, Gemäldegalerie

Responsable éditoriale : Kristina Briaudeau
Coordination éditoriale : Claire Archer, Delphine Montagne
Relecture : Colette Malandain
Consultant pour l'iconographie : Renaud Temperini
Recherche iconographique : Nadia Zagaroli
Conception graphique : jeanyvesverdu
Fabrication : Corinne Trovarelli
Photogravure : Dupont Photogravure

© Éditions Flammarion, 2005
87, quai Panhard et Levassor
75013 Paris
Numéro d'édition : FA1485
ISBN : 2080114859

Dépôt légal : octobre 2005

CRÉDITS PHOTOGRAPHIQUES © akg-images : couverture, p. 11, p. 24, p. 31, p. 46, p. 54-56, p. 71, p. 86-87, p. 89, p. 97, p. 105, p. 111, p. 119-120, p. 123, p. 127, p. 131, p. 134-135 , p. 139, p. 149, p. 151 ■ © akg-images / Amelot : p. 79, p. 99 ■ © akg-images / British Library : p. 76 ■ © akg-images / Cameraphoto : p. 14-15, p. 17, p. 40-41, p. 61, p. 75, p. 83, p. 108-109, p. 115, p. 140, p. 145 ■ © akg-images / Stefan Drechsel : p. 141 ■ © akg-images / Éric Lessing : p. 19, p. 21, p. 27, p. 33, p. 39, p. 45, p. 48, p. 51, p. 58, p. 63-64, p. 72, p. 74, p. 81, p. 84, p. 92, p. 94, p. 103, p. 107, p. 124-125, p. 133, p. 137, p. 153, p. 157, p. 159 ■ akg-images / Joseph Martin : p. 42 ■ © akg-images / Nimatallah : p. 32 ■ © akg-images / Pietro Baguzzi : p. 52 ■ © akg-images / Pirozzi : p. 69, p. 90, p. 95 ■ © akg-images / Rabatti-Domingie : p. 34, p. 67, p. 77, p. 113, p. 129, p. 147 ■ © Photo RMN / Gilles Berizzi : p. 155 ■ © Photo RMN / Gérard Blot : p. 59, p. 116 ■ © Photo RMN / Thierry Le Mage : p. 100 ■ © Photo RMN / Franck Raux : p. 13 ■ © 1990, Photo Scala, Florence : p. 29 ■ © 1992, Photo Scala : p. 37 ■ © Photo Daspet : p. 143
Pour l'œuvre de Maurice Denis : © Adagp, Paris, 2005

JACQUES DUQUESNE

Marie
Une femme nommée

Flammarion

« Que tu es belle, mon amie, te voilà si belle !
Tes yeux… oh, des colombes. »
« Comme un lis entre les ronces,
Voilà mon amie entre les filles. »
« Montre-moi ton visage,
Fais-moi écouter ta voix.
Ta voix si tendre,
Magnifique ton visage. »

Ces vers du Cantique des cantiques, le très célèbre et superbe poème biblique qui ne concernait pas Marie, ont peut-être inspiré et habité nombre de ceux qui, au long des siècles et des siècles, ont voulu la représenter.

Comment l'imaginer autrement que belle, dans le bonheur émerveillé de la naissance comme dans la douleur martyrisante de la Croix ?

Les canons de la beauté ont pu changer au gré du temps et des cultures, les fonctions attribuées à la mère de Jésus aussi (médiatrice, avocate au tribunal de Dieu, reine…), mais on ne l'a jamais montrée que douce et belle dans l'image et dans la statuaire. Sans elle, l'histoire de l'art serait tout autre. Car elle a été partout représentée. Et ce, pour trois raisons. La première est théologique. Le christianisme est la seule religion qui prétende qu'un Dieu s'est fait homme, qu'un homme était Dieu en personne. Ce que l'on appelle l'Incarnation. L'Incarnation passe par Marie. « Jésus est né d'une femme », dit saint Paul, qui ne se préoccupe guère par ailleurs des conditions de cette naissance. En écrivant « né d'une femme », il a énoncé l'essentiel. Les images de Marie berçant Jésus, bébé-Dieu et, plus encore, l'allaitant (la « Maria lactans », populaire depuis le XVIe siècle) confirment qu'il est bien un homme et non une apparence d'homme et que celle qui l'a soutenu, alimenté, élevé dans sa faiblesse a gagné au ciel un crédit infini.

La deuxième raison tient à la beauté. Le judaïsme, dont le christianisme est issu, interdisait toute représentation de la divinité. Deux siècles durant, semble-t-il, les chrétiens s'y sont conformés. Mais l'Incarnation, justement, changeait tout. Et les Grecs, que les missionnaires chrétiens évangélisaient, voyaient dans la beauté comme un reflet des divinités. « Chose belle est aimable ; rien d'aimable qui n'est point beau », écrivait déjà le poète Théognis dans ses *Poèmes élégiaques* aux alentours du Ve siècle avant J.-C. La dévotion à Marie est allée de pair avec la réhabilitation de la beauté, parfois décriée aux premiers siècles, même s'il est arrivé à des commerçants ou à des religieux de nourrir son culte avec des images dont on peut, hélas, dire n'importe quoi sauf qu'elles sont belles.

La troisième raison est évidemment que Marie, femme et mère, vraie femme et vraie mère, joyeuse et douloureuse, éprouvant les inquiétudes d'une mère, attachée aux travaux ménagers, est proche, très proche, de tous les humains.

Ainsi l'art s'est-il complu à représenter Marie. Plus encore que la plupart des textes, il révèle donc comment s'est façonné et a évolué son culte. Mais il ne se borne pas à révéler, à montrer : il agit, il influence, il sert de support à la dévotion personnelle comme aux grandes liturgies.

Les images ici rassemblées et commentées méritent d'être admirées. Elles veulent aussi aider à comprendre qui fut Marie et comment elle est devenue la femme la plus célèbre du monde. Enfin, elles peuvent assister ceux qui le souhaitent dans la méditation et la prière.

Or, il existe un paradoxe brûlant : le nom de Marie est presque absent des Évangiles. En outre, quand ceux-ci l'évoquent, c'est parfois en ignorant son nom, en la présentant comme la « mère » de Jésus, ou l'« épouse » de Joseph. En dehors des récits de la Nativité, dus aux évangélistes Luc et Matthieu, Marie n'est presque jamais citée et rien n'est dit de ses origines, de ses parents, de sa vie.

Pourtant, l'Église catholique fête Anne, sa mère, et Joachim, son père. De nombreux tableaux et une multitude gravures et de miniatures la représentent enfant, ou montrent ses fiançailles avec Joseph sous l'égide du grand prêtre des Juifs. Ils le font le plus souvent à partir d'un texte intitulé Protévangile de Jacques, datant du milieu du IIe siècle et qui fut très répandu : on a découvert plus de cent cinquante manuscrits en grec et il en existe des versions en d'autres langues anciennes (notamment en latin, en arménien, en copte, en arabe, voire en vieil irlandais). Les Églises d'Orient l'utilisent dans leur liturgie. Le pape romain nommé Gélase a condamné ce texte au VIe siècle comme émanant d'individus hérétiques et schismatiques, mais cela n'a pas empêché sa diffusion. D'autant qu'il est réapparu plus tard sous une autre forme revue et corrigée, intitulée l'Évangile du pseudo-Matthieu.

Ces deux textes ont eu une influence considérable sur l'imagerie populaire et les tableaux des plus grands peintres. Pour ne citer qu'un seul exemple, ce sont eux qui font naître Jésus dans une grotte alors que Luc, évangéliste reconnu par l'Église, évoque une étable, peut-être une sorte de débarras : *katalyma*, en grec, la langue de l'Évangile. C'est aussi l'Évangile du pseudo-Matthieu (datant, semble-t-il, du VIIe siècle) qui fit intervenir l'âne et le bœuf, lesquels, « fléchissant les genoux, adorèrent l'Enfant ». L'auteur ajoute : « Alors furent accomplies les paroles du prophète Isaïe disant : "Le bœuf a connu son propriétaire et l'âne la crèche de son maître." » Isaïe, en réalité, parlait de l'âne et du bœuf pour un tout autre sujet. Mais cette citation par le pseudo-Matthieu illustre les intentions des auteurs de ces textes : ils voulaient convaincre que la venue de Jésus était annoncée dans l'Ancien Testament, et ils s'adressaient à des populations avides de merveilleux.

Si les hommes d'aujourd'hui ne détestent pas le merveilleux, ils aiment aussi les précisions historiques. Quelles sont-elles ? Tout d'abord Marie – certaines images l'ont trop oublié – était une jeune femme juive, donc brune : deux grappes de raisin noir autour d'un sourire. Elle était jeune, presque une enfant, quand on l'unit à Joseph (le mariage se pratique alors en deux temps : engagement réciproque, d'abord, puis, après un délai variable, entrée de la jeune femme dans la maison de son époux ; mais la fiancée est déjà considérée comme mariée).
Le couple vit à Nazareth, un tout petit village de Galilée, province dont la population se trouvait mêlée à de nombreux païens. Des Phéniciens, des Syriens, des Arabes et des Grecs s'étaient installés là pour cultiver la terre et, surtout, pour faire commerce. Les olives de la région étaient très prisées et leur huile était exportée aux quatre coins de la Méditerranée. Elles étaient pressées dans une ville nouvelle, alors en pleine construction, toute proche de Nazareth, Séphoris, la capitale d'Hérode Antipas, un fils d'Hérode le Grand. Ce qui avait contribué à l'afflux de travailleurs immigrés. C'était un monde où existait pourtant le chômage, comme en témoignent les Évangiles. Et c'était un monde pauvre. Les maisons, serrées les unes contre les autres, étaient faites de briques de boue, basses, surmontées d'un toit en terrasse fait de branchages tressés, posés sur des chevrons et recouverts d'argile – on y couchait l'été.
L'intérieur de la maison était l'étroit royaume de la femme, de Marie. À bien lire les évocations des tâches ménagères dans les paraboles de Jésus, celui-ci eut une maman qui rapiéçait les vêtements, qui actionnait le moulin à bras pour produire la farine

destinée à devenir le pain, qui balayait le sol de terre battue. Joseph, charpentier, était certes un petit notable du village. Mais d'évidence, ce n'est pas dans un monde de palais silencieux tel que l'évoquèrent bien des peintres de la Renaissance que vécut Marie. Plutôt dans une sorte de favela aux ruelles étroites, peuplée d'une marmaille piaillante, grincheuse et joueuse.

Les vrais Galiléens, entourés d'immigrés, se raidissaient dans le respect de leur identité, des coutumes, des rites et des règles de leur religion. Tout montre que Jésus a ainsi bénéficié d'une éducation religieuse très sérieuse et très stricte. Il est donc facile de deviner quel problème dut affronter Marie, quelles questions elle se posa, quels déchirements elle connut peut-être quand son fils remit en cause certains principes et préceptes du judaïsme. Elle surmonta cependant ses hésitations et ses doutes et l'accompagna jusqu'à la mort, celle de la Croix, la plus infamante, qui succédait à une nuit de tortures.

Les Actes des Apôtres, un texte attribué pour l'essentiel à Luc, et qui raconte la vie des premiers chrétiens, la montrent avec « quelques femmes » et « les frères » de Jésus, réunis pour prier après le départ de celui-ci, dans un lieu appelé « la chambre haute ».

L'Église commence à naître. Et Marie est là, « habituellement ». Elle a donc été présente du début jusqu'à la fin de « l'événement Jésus », événement qui a bouleversé l'histoire du monde. Les textes ne disent rien de plus. Pourquoi le feraient-ils ?

Sa tâche est accomplie. Elle n'avait eu, comme l'écrit Georges Bernanos, « ni triomphe ni miracle. Son fils n'a pas permis que la gloire humaine l'effleurât, même du plus fin bout de sa grande aile sauvage. Personne n'a vécu, n'a souffert, n'est mort aussi simplement dans une ignorance aussi profonde de sa dignité ». Une dignité qui place très haut cette mère juive nommée Myriam qui s'usait les mains au travail des jours, les yeux fatigués, le dos cassé par les trop lourdes charges. Et qui garda toujours l'espérance de la foi.

L'Enfance 11

I	Anne et Joachim	12
II	Les Songes d'Anne et de Joachim	16
III	L'Immaculée Conception	18
IV	La Naissance de Marie	20
V	La Présentation de Marie au Temple	22
VI	Le Mariage de Marie et Joseph	24

L'Annonciation 27

VII	L'Annonce à Zacharie	28
VIII	L'Annonce faite à Marie	30
IX	La Conception virginale	34
X	L'Accueil de la Parole	38
XI	L'Ange	42
XII	Marie porte l'Enfant	44
XIII	La Visitation	46

La Nativité 51

XIV	Le Recensement à Bethléem	52
XV	La Naissance de Jésus	56
XVI	L'Annonce aux bergers	60
XVII	L'Adoration des bergers	62
XVIII	L'Adoration des mages	64

La Maternité 67

XIX	La Vierge et l'Enfant	68
XX	Marie allaitant	70
XXI	La Tendresse	72
XXII	La Vierge noire	78
XXIII	La Circoncision	80
XXIV	La Présentation de Jésus au Temple	82
XXV	La Fuite en Égypte	84
XXVI	L'Exil et le retour	88
XXVII	La Vie familiale	92
XXVIII	Inquiétudes d'une mère	96
XXIX	Les Familiers	98
XXX	La Vie quotidienne	100
XXXI	Joseph	102

Dans l'ombre de Jésus — 105

XXXII	Les Noces de Cana	106
XXXIII	Les Adieux de Jésus à Marie	110
XXXIV	Jésus humilié, Marie brisée	112
XXXV	Marie sur le chemin de croix	114
XXXVI	Douleur de Marie	116
XXXVII	La Mise en croix	118
XXXVIII	Marie et Jean au pied de la croix	120
XXXIX	La Pietà	122
XL	La Déploration	126
XLI	Marie et les disciples à l'Ascension	128

La Femme sainte — 131

XLII	La Dormition	132
XLIII	L'Assomption	136
XLIV	Le Couronnement	138
XLV	Le Jugement	142
XLVI	Marie avocate au tribunal de Dieu	144

Marie aux mille visages — 147

XLVII	La Pureté	148
XLVIII	L'Adoration populaire	150
XLIX	La Mère brisée	152
L	Marie protectrice	154
LI	Notre-Dame	156
LII	Bonheur de la maternité	158

Francisco Zurbarán, *La Vierge enfant en prière* (détail), 1650, Saint-Pétersbourg, musée de l'Ermitage

L'Enfance

Comment était-elle ? À quoi jouait-elle ? Comment ses parents lui apprirent-ils Dieu, la Loi et les prophètes ? Nous voudrions tous en savoir plus sur Marie enfant. Mais les Évangiles canoniques (reconnus par l'Église) n'en disent rien, ne précisant même pas qui étaient ses parents. Les apocryphes, en revanche, sont riches en détails dont on ne peut vérifier l'historicité. Ils montrent du moins comment la piété populaire s'est attachée à Marie dès le IIe siècle, surtout en Orient. Au long des siècles, les artistes n'ont pas manqué d'en faire autant.

I ANNE ET JOACHIM

À en croire les Évangiles apocryphes, les parents de Marie se nommaient Anne et Joachim.
L'Église les a déclarés saints. Joachim était très riche et très généreux, il possédait de grands
troupeaux. Il ne gardait pour lui qu'un tiers de ses revenus, donnant un autre tiers
« aux veuves, aux orphelins, aux pèlerins et aux pauvres », et le reste aux prêtres. À vingt
ans, selon les mêmes sources, il épousa Anne, qui descendait du roi David. Mais vingt ans
plus tard ils n'avaient toujours pas d'enfant. La stérilité était pour les Juifs une catastrophe,
presque un signe de malédiction. À tel point que Joachim fut chassé du Temple par
un certain Ruben (ce qui signifie en hébreu : « il a vu ma détresse ») : « Tous les justes,
dit celui-ci, avaient suscité une postérité en Israël. » Si Joachim n'avait pas d'enfant,
il n'était pas « juste ».
Cependant, les hommes qui avaient chassé Joachim avaient, semble-t-il, oublié Abraham
et Sara, presque centenaires, nous dit la Bible, quand Dieu leur permit d'avoir un fils, Isaac.
Cette bonne nouvelle fut annoncée à Abraham par trois hommes de passage. Le Flamand
Jan Provost, sur le tableau ci-contre, n'en a représenté qu'un seul, lui donnant l'apparence
d'un ange, ce qui était assez fréquent au XVIe siècle, et ce qui correspond à l'esprit
de cette scène de la Genèse. En revanche, il n'a pas hésité à placer Abraham et Sara
à l'entrée d'un palais de marbre, alors que ces nomades vivaient dans une tente.
Signalons que la « porte d'or », où Giotto situe la rencontre d'Anne et de Joachim,
déjà auréolés comme des saints chrétiens (p. 14-15), n'est citée dans aucun texte
les concernant. Il s'agit apparemment d'une des nombreuses portes de Jérusalem,
ville fortifiée.

Jan Provost, *Abraham, Sarah et l'Ange* (détail), 1515, Paris, musée du Louvre
DOUBLE PAGE SUIVANTE : Giotto, *La Rencontre à la porte d'or*, 1304-1306, Padoue, chapelle Scrovegni

II LES SONGES D'ANNE ET DE JOACHIM

Joachim avait-il perdu tout espoir ? C'est la version du texte apocryphe, dit Évangile
du pseudo-Matthieu. Le Protévangile de Jacques le décrit au contraire partant au désert
quarante jours pour jeûner et pour prier Dieu de lui donner un enfant, car il se souvenait
de la faveur faite à Abraham. Le chiffre quarante correspond souvent dans la Bible
à un temps d'épreuve : le Déluge dura quarante jours. Ici, il fait peut-être référence
aux quarante jours passés dans le désert par Jésus au commencement de sa vie publique.
Le peintre Giotto, lui, fait en tout cas préfigurer par l'annonce à Joachim l'annonce faite
plus tard à Joseph : l'ange lui apparaît en songe, comme pour Joseph, alors que
les textes de Jacques et du pseudo-Matthieu – les seuls, on le sait, à évoquer
cette scène – le disent parfaitement éveillé, avec ses moutons. Et joyeux, bien sûr.
Anne, elle, était descendue dans son jardin, très affligée. Elle contemplait, rapporte Jacques,
un nid de passereaux caché dans un laurier. « Même les animaux sans raison
sont féconds devant toi, Seigneur. Hélas, à qui suis-je devenue semblable ? » Mais l'ange
lui apparut, lui dit qu'elle concevrait, enfanterait, et que l'on parlerait « de sa postérité
dans le monde entier ». Ce texte du milieu du IIe siècle annonçait l'avenir à bon compte
puisque à cette époque le nom de Jésus était déjà connu dans le monde romain, cité
par exemple par les écrivains Tacite et Suétone. Pour le couple Anne-Joachim, en tout cas,
ce fut le bonheur. Anne se suspendit au cou de Joachim, rentré avec ses troupeaux.
Elle avait promis à l'ange de consacrer son enfant à Dieu pour toute sa vie. Joachim, lui,
put retourner au Temple, rassuré : « Le Seigneur m'a remis tous mes péchés. »

Giotto, *Le Songe de Joachim* (détail), 1304-1306, Padoue, chapelle Scrovegni

III L'IMMACULÉE CONCEPTION

Le dogme qui déclare Marie conçue sans le péché originel – à la différence de toute l'humanité – n'a été proclamé qu'au XIXe siècle. En vérité, c'est saint Augustin qui, au IVe siècle, faisant référence à la faute d'Adam et Ève, a inventé l'expression « péché originel » et affirmé que celui-ci souillait tous les hommes. Lui ne croyait pas que Marie en fût exempte. Mais un vif débat commença alors entre théologiens, prêtres et religieux, et aboutit quatorze siècles plus tard à la proclamation du dogme. Une certitude, cependant, animait et anime encore tous les chrétiens : celle de la pureté de Marie.

Francisco Zurbarán, *L'Immaculée Conception*, 1661, Budapest, musée des Beaux-Arts

IV LA NAISSANCE DE MARIE

Anne accoucha au septième mois, selon l'Évangile de Jacques, au neuvième selon le pseudo-Matthieu. Les deux Évangiles apocryphes, parfois prodigues en détails, sont discrets sur la naissance de Marie. Jacques souligne le bonheur d'Anne quand on lui annonça que l'enfant était une fille. Une réaction quelque peu surprenante, car les filles n'étaient pas très considérées. Fait inhabituel aussi : c'est Anne qui nomma son enfant, privilège souvent réservé aux hommes. Ainsi, selon l'Évangile de Matthieu – datant sans doute des années 80 du Ier siècle –, c'est Joseph qui nomme Jésus. Jacques, quelques décennies plus tard, fait donc passer de façon significative le père, Joachim, au second plan.

Vittore Carpaccio, *La Naissance de Marie*,
1504-1508, Bergame, Accademia Carrara

V LA PRÉSENTATION DE MARIE AU TEMPLE

Nous pouvons tous imaginer Marie enfant : Myriam, petite fille juive, jolie, sage bien sûr, joyeuse aussi. Et pieuse. Mais les Évangiles canoniques (les seuls, comme on le sait, reconnus par l'Église) n'en disent rien. Elle est née sans doute vers l'an 18 avant J.-C., très probablement à Nazareth, un tout petit village de Galilée, fréquenté par des caravanes, des acheteurs d'olives et des travailleurs immigrés. Au nord de la Palestine, la Galilée était un pays riant et fleuri. Il fut parfois troublé par des révoltes : à l'occupation romaine s'ajoutait la tyrannie d'Hérode qui écrasait d'impôts les paysans.
Jacques et le pseudo-Matthieu sont les seuls à évoquer la jeunesse de Marie. Et ils la présentent comme l'incarnation même de la virginité. Dès sa plus tendre enfance, on fait tout pour qu'elle ne rencontre point d'homme, sauf les prêtres… À trois ans, ses parents la présentent au Temple. Elle leur échappe, comme l'illustre le célèbre tableau de Titien. Au début du XXe siècle, Rainer Maria Rilke, le poète praguois, décrit ainsi la scène :
« Mais elle passa à travers eux [ses parents],
si petite, échappant à leurs mains
pour pénétrer dans son destin qui, plus haut que le Temple,
était déjà parfait, plus que l'édifice. »
Selon le texte signé Jacques, elle resta dans le Temple « comme une colombe », recevant « de la nourriture de la main d'un ange ». Le pseudo-Matthieu, lui, présente Marie comme une moniale avant qu'il en existât, priant de tierce à none, tissant, et éduquée par des « vierges plus âgées ». Elle était nourrie par des anges qui s'entretenaient avec elle. Quant aux aliments que lui donnaient les prêtres, elle les distribuait aux pauvres.
Ces récits n'inspirèrent pas seulement les peintres. Ils contribuèrent beaucoup à affirmer la piété populaire et à développer le culte de Marie.

Titien, *La Présentation de Marie au Temple* (détail), 1534-1538, Venise, galerie de l'Académie

VI LE MARIAGE DE MARIE ET JOSEPH

Chez les Juifs de l'époque, le mariage se pratiquait en deux temps : l'engagement réciproque, puis l'entrée de la jeune fille, après un délai variable, dans la chambre nuptiale de la maison de son époux. Il n'était pas question de fiançailles. Alors que les Évangiles canoniques ne disent pratiquement rien du mariage de Marie et Joseph, ceux de Jacques et du pseudo-Matthieu sont riches en détails merveilleux : le grand prêtre convoque tous les veufs du pays pour choisir l'époux de Marie, en leur recommandant de porter chacun une baguette, comme le montre le tableau de Raphaël. Une colombe étant finalement sortie de la baguette du vieux Joseph, il fut désigné. Mais, souligne le pseudo-Matthieu, c'était seulement pour garder Marie, car celle-ci avait « fait à Dieu le vœu de rester vierge ». De ce texte est née la croyance en la volonté de Marie de rester toujours vierge. De même, Joseph, vieillard, et veuf d'un précédent mariage avait des enfants et des petits-enfants : dès lors, certains pensent que lorsque les quatre Évangiles canoniques parlent des frères et sœurs de Jésus, il s'agit en réalité de demi-frères et de demi-sœurs.

Raphaël, *Le Mariage de la Vierge* (détail), 1503-1504, Milan, Pinacoteca di Brera

Fra Angelico, *Annonciation* (détail), vers 1450, Florence, couvent de San Marco

L'Annonciation

Tout respire la joie dans l'Évangile de Luc, le seul des quatre évangélistes à raconter l'annonce faite à Marie. Et d'abord les premiers mots de l'ange Gabriel : « Réjouis-toi ! Tu es comblée de faveurs. » Elle s'interroge pourtant. Mais il la rassure vite. Et elle finira par chanter le *Magnificat* : « Mon esprit tressaille de joie en Dieu mon sauveur. »

VII L'ANNONCE À ZACHARIE

L'annonce faite à Marie est précédée dans l'Évangile de Luc d'une annonce à Zacharie, vieux prêtre sans enfant – comme Joachim – à qui son épouse, Élisabeth, jusque-là stérile – comme Anne –, donna miraculeusement un fils : Jean-Baptiste. C'est l'ange Gabriel – dont le nom signifie « Dieu fort » –, qui est chargé du joyeux message. Mais Zacharie se montre incrédule et en sera puni, rendu muet jusqu'à la naissance de son fils. Une attitude bien différente de celles de Marie et Joseph. Le peintre Ghirlandaio montre bien le scepticisme du vieux prêtre.

En revanche, comme presque toujours chez les peintres de la Renaissance, le décor est celui de son époque. Avec une erreur historique : au temps de Jésus, les femmes (que l'on voit à droite) ne pouvaient pénétrer ainsi près du saint des saints du Temple de Jérusalem.

Domenico Ghirlandaio, *L'Annonce de l'ange à Zacharie* (détail), 1485-1490, Florence, Santa Maria Novella

VIII L'ANNONCE FAITE À MARIE

« Le sixième mois, l'ange Gabriel fut envoyé par Dieu dans une ville de Galilée, du nom de Nazareth, à une vierge fiancée à un homme du nom de Joseph, de la maison de David ; et le nom de la vierge était Marie. Il entra et lui dit : "Réjouis-toi, comblée de grâce, le Seigneur est avec toi." À cette parole elle fut toute troublée, et elle se demandait ce que signifiait cette salutation. Et l'ange lui dit : "Sois sans crainte, Marie ; car tu as trouvé grâce auprès de Dieu. Voici que tu concevras dans ton sein et enfanteras un fils, et tu l'appelleras du nom de Jésus. Il sera grand, et sera appelé Fils du Très-Haut." »

Ce récit de Luc a été illustré par de très nombreux artistes, parmi lesquels le dominicain Fra Angelico au XV siècle. Le tableau ci-contre constitue la représentation la plus connue de l'Annonciation. Et il est chargé de symboles. D'abord, la colonnette qui sépare l'ange de Marie : elle distingue deux mondes, celui de Dieu et celui des hommes. Mais le rayon lumineux et fécondant les rapproche, manifestant à sa manière l'Incarnation. En arrière-plan, le jardin d'Éden, que l'on retrouve dans bien d'autres représentations, avec son arbre et ses fruits, et d'où l'on peut voir sortir Adam et Ève, sous le regard de Dieu. Le culte de la Vierge, très développé en Orient, fut introduit en Occident par l'art, par la mosaïque notamment, comme en témoigne celle que l'on peut admirer dans la basilique Sainte-Marie-Majeure de Rome (p. 32). Marie, recevant l'ange Gabriel, y est déjà figurée en impératrice, comme c'était alors l'usage à Byzance. Le souci de l'imitation de l'étiquette et du vestiaire de la cour allait jusqu'à la teinte – rouge – des chaussures de la Vierge (p. 76). Les femmes de Byzance ne pouvaient en porter de cette couleur, réservée au costume impérial.

Fra Angelico, *L'Annonciation* ou *Retable du Prado*, 1430-1432, Madrid, musée du Prado

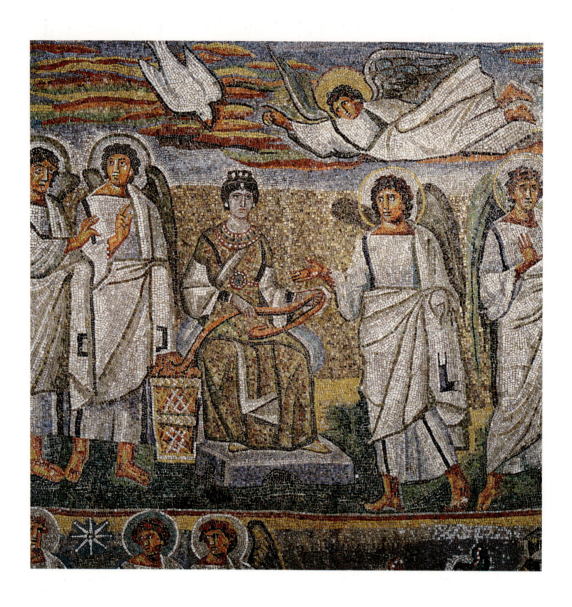

L'Annonciation, Cycle de l'Enfance de Jésus (détail), 432-444, Rome, basilique Sainte-Marie-Majeure
CI-CONTRE : Lorenzo Lotto, *Annonciation*, 1534, Recanati, Pinacoteca Civica

IX LA CONCEPTION VIRGINALE

« Mais Marie dit à l'ange : "Comment cela sera-t-il, puisque je ne connais pas d'homme ?" L'ange lui répondit : "L'Esprit-Saint viendra sur toi, et la puissance du Très-Haut te prendra sous son ombre ; c'est pourquoi l'être saint qui naîtra sera appelé Fils de Dieu. Et voici qu'Élisabeth, ta parente, vient, elle aussi, de concevoir un fils dans sa vieillesse, et elle en est à son sixième mois, elle qu'on appelait la stérile ; car rien n'est impossible à Dieu." »

Pour figurer la conception virginale, rapportée, ici encore, par saint Luc, les peintres ont rapidement eu coutume de représenter le Saint-Esprit par un pigeon ou une colombe (oiseau très présent dans la Bible, où il apparaît également lors du baptême de Jésus par Jean-Baptiste). Souvent, aussi, l'ange est porteur d'un rameau d'olivier, comme chez Simone Martini (XIVᵉ siècle), qui le montre parlant. Des Pères de l'Église, des poètes aussi, avaient en effet évoqué la possibilité d'une fécondation de Marie par la Parole de Dieu – un très fort symbole. Carpaccio (p. 36) laisse quant à lui entrevoir le lit de Marie, ce qui est rare, tandis que Filippo Lippi (p. 37), soucieux par ailleurs de respecter les règles de la perspective, reste très fidèle à la séparation des deux mondes : celui des hommes au centre duquel se tient la Vierge, blonde, et celui de Dieu et des anges. Les sols eux-mêmes ne sont pas pavés des mêmes carrelages : ceux de gauche sont plus riches.

Simone Martini, *Annonciation*, 1333, Florence, galerie des Offices

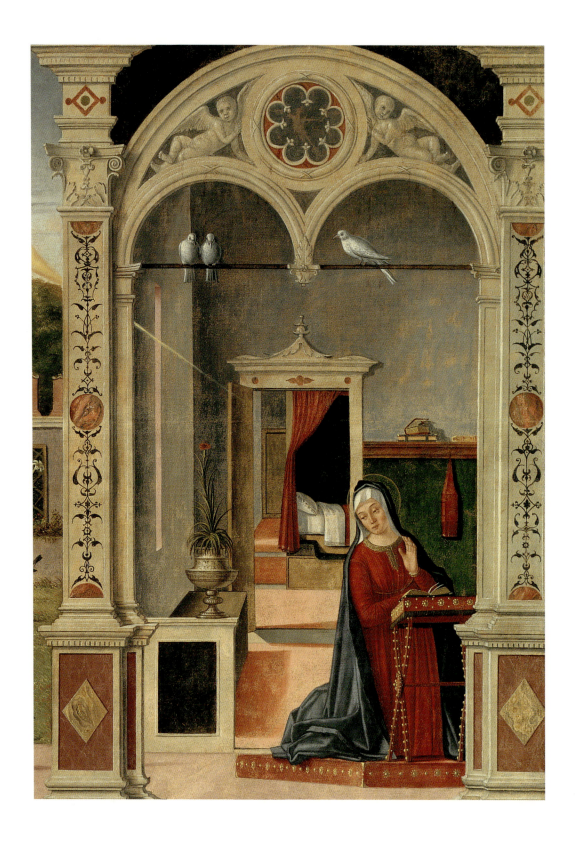

Vittore Carpaccio, *Annonciation* (détail), 1504, Venise, Ca' d'Oro
CI-CONTRE : Fra Filippo Lippi, *Annonciation* (détail), 1466-1469, Spolète, Duomo

X L'ACCUEIL DE LA PAROLE

À l'annonce de l'ange, dit Luc, Marie « fut toute troublée » (mais pas effrayée, contrairement à ce que suggère l'image du Tintoret (p. 40-41), inspirée, semble-t-il, par le Protévangile de Jacques qui parle de son « désarroi »).
Or Gabriel lui annonce une heureuse nouvelle (*Evangelion* signifie d'ailleurs « bonne nouvelle »). Et, à la différence de Zacharie, elle a confiance et affirme sa foi en répondant à l'ange : « Je suis la servante du Seigneur ; qu'il m'advienne selon ta parole ! »

Dante Gabriel Rossetti, *Ecce Ancilla Domini (Annonciation)*, 1849-1850, Londres, Tate Gallery
DOUBLE-PAGE SUIVANTE : Tintoret, *Annonciation*, 1583-1587, Venise, Scuola Grande di San Rocco

XI L'ANGE

Ayant porté son message, l'ange repartit, joyeux. Et son sourire vola jusqu'à son effigie de pierre, sur la façade ouest de la cathédrale de Reims. La joie est vraiment la marque de tout ce récit. Comme elle l'est, toujours selon Luc, au moment de la naissance célébrée par une chorale d'anges, « une troupe nombreuse de l'armée céleste ».

Annonciation, 1232, Reims, cathédrale Notre-Dame

XII MARIE PORTE L'ENFANT

C'est au Moyen Âge que se développe en Occident la foi en l'Incarnation :
on réhabilite donc l'humanité et la terre. Jusqu'alors, Marie, portant le deuil de son Fils,
était généralement vêtue de couleurs sombres. La couleur étant du domaine de la matière,
on ne pouvait l'attribuer à Marie. Seul, le bleu fut aussi assimilé à la lumière céleste.
C'est pourquoi l'on commença, à cette époque, à associer le bleu à Marie. Il marque
la réconciliation du ciel et de la terre, que Marie, ici représentée enceinte, espérante,
symbolise.

Piero della Francesca, *Madonna del Parto*, 1450-1455, Monterchi (Arezzo), Cappella del Cimitero

XIII LA VISITATION

Que fait une jeune femme qui se réjouit d'être enceinte ? Elle va confier son bonheur à sa plus proche parente. Il se trouve que c'est une cousine, Élisabeth, qui attend, elle, le futur Jean-Baptiste. Pour une fois, on est tenté d'oublier le symbolisme de cette rencontre, afin de ne retenir que l'image, tendre, d'un bonheur partagé.
Dans ce tableau du XIX siècle, la visiteuse Marie (coiffée d'un chapeau), qui tend les mains, est accueillie par Élisabeth, qui les joint en signe de vénération. L'Évangile de Luc dit que l'enfant (Jean-Baptiste) « tressaillit dans son sein [d'Élisabeth] » et que, « remplie de l'Esprit-Saint », celle-ci nomma Marie « la mère de mon Seigneur ».
Domenico Ghirlandaio, au XV siècle, avait déjà montré Élisabeth (plus âgée, on le sait), au pied de la toute jeune Marie (p. 48) : les évangélistes, dans plusieurs textes, ont tenu à montrer la supériorité de Jésus sur Jean-Baptiste, car il exista pendant un temps des rivalités entre les disciples de l'un et ceux de l'autre.

Maurice Denis, *Visitation*, 1894, Saint-Pétersbourg, musée de l'Ermitage

Domenico Ghirlandaio, *Visitation* (détail), 1491, Paris, musée du Louvre

Raphaël, *La Madone du grand-duc* (détail), 1504-1505, Florence, palais Pitti, galerie Palatino

La Nativité

Noël ! Joyeux Noël ! « Un enfant nous est né, un Christ nous est donné », dit le cantique. Et cette naissance bouleverse l'histoire du monde. Désormais, il y a un avant et un après. « Dieu est devenu homme et l'homme est devenu Dieu », écrivit Hippolyte de Rome, martyrisé au IIIe siècle. C'est l'originalité capitale du christianisme.

XIV LE RECENSEMENT À BETHLÉEM

En ces jours-là, dit Luc, « parut un édit de César Auguste ordonnant le recensement de tout le monde habité ». Chacun devait se « faire inscrire dans sa ville ». Or, Joseph était originaire de Bethléem, en Judée. Ce Galiléen partit donc avec Marie, près d'accoucher. Aucun document de l'époque ne confirme l'existence de ce recensement. Mais ce qu'évoque cette peinture murale byzantine, c'est d'abord la tendresse d'un couple. Marie, bien sûr, est devant, auréolée. Joseph, les yeux fixés sur la jeune femme, veille sur elle et sur l'enfant à venir. Une petite foule se presse devant l'auberge. Il n'est guère étonnant que Joseph et Marie n'y trouvent pas place. Le fils de Dieu, Dieu lui-même devenu homme, naît donc dans une étable, pauvre parmi les pauvres.
Le mystère de l'Incarnation est chaque jour recommencé, renouvelé. Qui fera reproche à Pieter Bruegel l'Ancien de représenter (p. 54-55) le recensement dans un Bethléem « à la flamande » ?

Marie et Joseph en route pour Bethléem (détail), 650, Castel Seprio, église Santa Maria Foris Portas
DOUBLE-PAGE SUIVANTE : Pieter Bruegel l'Ancien, *Le Dénombrement de Bethléem*, 1566, Bruxelles, musées royaux des Beaux-Arts

XV LA NAISSANCE DE JÉSUS

Marie « enfanta son fils premier-né, l'enveloppa de langes ». Luc est sobre dans son récit, en dépit de la grandeur de l'événement. Matthieu, lui, ne dit rien de la naissance de Jésus, sinon que Joseph l'appela de ce nom, comme « l'ange de Dieu » (les Écritures appellent souvent ainsi Dieu lui-même) le lui avait prescrit en songe.
Marie est belle et recueillie. Il n'existait guère de colonnade en cette étable. Mais le Corrège veut montrer que ce bébé, si nu et si lumineux, est aussi un roi et mériterait plus que tous les palais de la terre, cette terre qui voit poindre, désormais, un jour nouveau, une nouvelle aurore.
L'Enfant peint par Charles Poerson (p. 59) est déjà capable de tendre les bras vers Marie. Et les anges, aux aguets, sont prêts à répandre la bonne nouvelle.
Les images pieuses ont beaucoup représenté les anges. Le mot « ange » vient du grec : messager. « Ils sont anges seulement quand ils annoncent quelque chose », disait le pape saint Grégoire. Mais la piété populaire leur accorda d'autres fonctions : protecteurs, musiciens, chanteurs, guides, etc. L'Église catholique a toujours tenu à souligner qu'ils étaient inférieurs au Christ. L'apôtre Paul avait écrit dans sa lettre aux Colossiens (datant de 62 ou 63) que c'est en Jésus « qu'ont été créées toutes choses, dans les cieux et sur la terre, les visibles et les invisibles ». La présence des anges a envahi de beauté l'iconographie chrétienne, de l'art byzantin à Rouault.

Le Corrège, *La Vierge adorant l'Enfant* (détail), 1524-1526, Florence, galerie des Offices

Lorenzo Lotto, *Nativité*, 1523, Washington, National Gallery
CI-CONTRE : Charles Poerson, *Nativité* (détail), vers 1645, Paris, musée du Louvre

XVI L'ANNONCE AUX BERGERS

Ils ne sont pas là par hasard, les bergers. À l'époque, ils sont considérés comme des gens de peu, des moins que rien. Or, ils ont été sélectionnés, un ange est venu les chercher.
Ce qui leur a fait peur, d'abord (comme toutes les apparitions d'anges dans la Bible).
Mais il les a rassurés : « Je vous annonce une grande joie, qui sera celle de tout le peuple : aujourd'hui vous est né un Sauveur. »
L'annonce est d'abord faite aux exclus. Les derniers seront les premiers.

Leandro Bassano, *L'Annonce aux bergers*, 1590, Padoue, Musei Civici

XVII L'ADORATION DES BERGERS

Regardons-les bien, ces bergers qui, les premiers, viennent adorer
Jésus. Ils n'ont pas des mines de gens très recommandables.
C'est qu'ils passent pour malhonnêtes et voleurs.
On dit même qu'« on ne tire pas d'une citerne [d'un puits]
les goïm [les païens] et les bergers qui y tombent ».
Désormais, c'est comme une fête. Chacun se précipite.
Marie accueille ses visiteurs. Lumineuse presque autant
que l'Enfant. Entourée avec Lui. Comme si chacun pensait,
à l'instar de Martin Luther, qui admirait beaucoup Marie :
« Tu n'étais rien [...] pourtant Dieu dans Sa grâce a jeté les yeux
sur toi et en toi Il a fait de grandes choses. »
En 1520, Luther publia un commentaire du *Magnificat* souvent
cité comme modèle de piété mariale. À ses yeux, les catholiques
ont souvent exagéré le rôle de Marie, mais celle-ci est le modèle
du disciple de Jésus. Elle enseigne aux chrétiens la foi et,
au même titre que l'Église, elle est « mère des croyants ».
À la différence de Luther, Calvin refusa de célébrer les fêtes
mariales. Mais les catholiques se trompent souvent quand
ils voient, chez les protestants, une opposition irréductible
aux qualités reconnues à Marie.

Hugo van der Goes, *L'Adoration des bergers*, 1476, Florence, galerie des Offices

XVIII L'ADORATION DES MAGES

Luc avait conté l'adoration par les bergers. L'autre évangéliste de la nativité, Matthieu, met en scène les mages. Astrologues, c'est-à-dire savants ? ou rois ? Puissants en tout cas. Et venus de loin. De cet Orient imprécis que l'on n'appréciait guère en Judée.
De quels faits exacts s'est emparée la tradition orale qui a formé le récit de Matthieu ? Nous ne le saurons jamais avec précision. Mais comprenons le symbole, chargé de sens, de leur présence ici : Jésus est venu pour tous les hommes, de toutes les nations. Et Marie n'est pas surprise de voir arriver de si étonnants visiteurs. Elle médite « ces choses en son cœur ».
Au VIIe siècle seulement, on baptisa ces mages Melchior (et l'on précisa au XVe siècle qu'il était blanc), Balthazar (l'Africain) et Gaspard (l'Asiatique). Mais, dès l'Évangile de Matthieu, il est précisé qu'ils offrent à Jésus l'or, l'encens et la myrrhe. Des symboles bien connus : l'or pour le roi, l'encens pour Dieu, la myrrhe qui servait à embaumer les cadavres en attente de résurrection. Le contraste est étonnant, et voulu, bien entendu, entre ces cadeaux chargés de sens et l'humilité de ceux qui les reçoivent, et qui resteront, les mages partis, toujours démunis et menacés.

Diego Velázquez, *L'Adoration des mages* (détail), 1619, Madrid, musée du Prado

Masaccio, *Vierge à l'Enfant* (détail), vers 1426, Florence, galerie des Offices

La Maternité

Une jeune mère. Qui s'attendrit. Qui s'interroge sur cet enfant et sur son avenir. Qui l'éduque. Peintres et sculpteurs en ont beaucoup fait le portrait, illustrant tous les épisodes relatés par Luc et Matthieu mais oubliant souvent que sa vie à Nazareth était celle d'une maman presque pauvre, affairée aux travaux du ménage. La réalité de l'histoire quotidienne leur importait moins que le reflet de la divinité. Pour notre bonheur. Et notre espérance.

XIX LA VIERGE ET L'ENFANT

Les gestes de tendresse, l'attention et les préoccupations de la Vierge envers Jésus
ne sont sans doute pas différents de ceux de toutes les mères. À travers le thème
de la Vierge à l'Enfant, les artistes ont beaucoup interprété ces rapports.
Cette sobre image de Marie et Jésus, dans les catacombes de sainte Priscille, est à peu près
la seule qui témoigne du culte marial à Rome. Elle date du IIIe siècle. Certains pensent
que la femme qui tient Jésus dans ses bras représente plutôt la primitive Église.
Son attitude inquiète manifeste bien les sentiments des chrétiens de Rome à l'époque.
Une certitude : la dévotion à Marie était alors plus vivante en Orient (à Byzance
et à Alexandrie) qu'à l'ouest de la Méditerranée. Presque toutes les fêtes mariales
sont nées de l'Orient, à commencer par l'Annonciation, puis le 15 août, la fête
de l'Assomption qu'un décret de l'empereur byzantin Maurice étendit, vers l'an 600,
à tout le territoire qu'il contrôlait.

Mère et Enfant (détail), 290, Rome, catacombes de Priscilla, crypte de Velatio Virginis

XX MARIE ALLAITANT

« Le Verbe, comme l'écrit l'Évangile de Jean, s'est fait chair » ; Jésus est vraiment Dieu et vraiment homme. Il est comme tous les bébés. Pour se développer et grandir, il a besoin des hommes. De sa mère, d'abord.
Les représentations de la Vierge allaitant Jésus étaient rares dans les premiers siècles. C'est que certains se refusaient à croire que Jésus était un véritable enfant, et voyaient plutôt en lui un ange. Le concile d'Éphèse, en 431, qui réunissait presque exclusivement des Orientaux, proclama Marie « Théotokos », mère de Dieu, elle qui était jusqu'alors seulement considérée comme « Christotokos », mère de Jésus. Il s'agissait de réaffirmer le dogme de l'Incarnation. Mais c'est surtout au Moyen Âge que, en Occident, la foi en l'Incarnation s'affirmant, on représenta Marie allaitant.

Jan Van Eyck, *La Vierge de Lucques*, 1435-1440, Francfort-sur-le-Main, Städelsches Kunstinstitut

XXI LA TENDRESSE

L'enfant grandit. Marie s'interroge sur son avenir. Le beau visage que lui a donné Bellini (p. 75) fait songer à cette méditation.
Les représentations de Jésus bébé avec un sexe sont assez peu fréquentes : cette rareté témoigne de la difficulté, pour certains, de croire en l'Incarnation. En revanche, nombreux sont les tableaux montrant Jésus enfant avec une croix (comme ici avec Jean-Baptiste). La mélancolie priante se lit sur le visage de Marie.
Représenter Jean-Baptiste à genoux, c'est, dans le même sens que les évangélistes, souligner son infériorité par rapport à Jésus-Dieu. Mais ce sont les nuances délicates dans les regards, l'expression des visages, la carnation des bébés qui font tout l'art de Raphaël.
À l'enfant qui suce ses doigts, comme tous les petits garçons de son âge – image d'un grand réalisme sortie de l'atelier de Donatello (p. 74) –, beaucoup préféraient celles – superbes – d'un petit Dieu, savant chez Botticelli (p. 77), bénissant chez Bellini (p. 75).

Raphaël, *Vierge à la prairie* ou *Madone du Belvédère*, 1505-1506, Vienne, Kunsthistorisches Museum

D'après Donatello, *Vierge à l'Enfant* ou *Madonne de Vérone*, 1460, Paris, musée du Louvre
CI-CONTRE : Giovanni Bellini, *Vierge à l'Enfant bénissant* (détail), 1475, Venise, galerie de l'Académie

Vierge à l'Enfant, copie d'une mosaïque byzantine, *Psautier de la reine Mélissande,* 1139, Londres, National Gallery
CI-CONTRE : Sandro Botticelli, *Vierge à l'Enfant avec cinq anges (Madone du Magnificat)* [détail], 1481, Florence, galerie des Offices

XXII LA VIERGE NOIRE

Le culte de la « Théotokos » (mère de Dieu) a multiplié les statues taillées dans un seul bloc de bois, plus petites que nature, très souvent noires, représentant Marie assise sur un trône (donc reine) et tenant sur ses genoux l'Enfant Jésus. On s'interroge encore sur l'origine de ces « Vierges noires », appelées aussi « Vierges en majesté » (parfois ornées de couleurs, comme celle-ci), assez nombreuses en France et en Espagne. Elles évoquent le Cantique des cantiques :
« Je suis noire et pourtant belle Ô filles de Jérusalem […]
Ne prenez pas garde à mon teint basané
C'est le soleil qui m'a brûlée. »

Vierge noire en majesté, 1150, Meymac, abbatiale Saint-Léger et Saint-André

XXIII LA CIRCONCISION

Huit jours après sa naissance, comme le voulait la Loi mosaïque, Jésus fut circoncis.
Cet acte, pratiqué par de nombreux peuples à cette époque (plutôt au moment
de la puberté), revêt chez les Hébreux une signification particulière, celle de leur alliance
avec Dieu.
Le sang qu'il produit est « le sang de l'alliance ». Alliance pour la mission confiée
à l'homme dès la Genèse : rendre le monde meilleur. Que Jésus soit soumis à un rite
signifiant l'alliance avec Dieu, c'est-à-dire avec Lui-même, peut surprendre.
Mais ainsi est manifestée son appartenance au peuple juif, sa solidarité avec lui.
Bien entendu, ce tableau n'est pas – ni ne veut être – une reconstitution historique fidèle :
les artistes de la Renaissance cherchent plutôt à établir un lien entre le monde antique
et le monde chrétien, situant les scènes anciennes dans les architectures de leur époque.
Dans le tableau de Mazzolino, Marie est à l'écart, à gauche, dans la foule, comme si
l'Enfant lui était déjà enlevé. Mais il tend le bras vers elle.

Ludovico Mazzolino, *La Circoncision du Christ* (détail), 1526, Vienne, Kunsthistorisches Museum

XXIV LA PRÉSENTATION DE JÉSUS AU TEMPLE

La purification après la naissance (quarante jours pour un garçon, le double pour une fille) était pour toute mère une obligation. Dans l'Évangile de Luc – seul à signaler l'événement –, elle s'accompagne de la présentation de Jésus au Temple. Il est possible de s'interroger : pourquoi Marie, la pureté même, devait-elle être purifiée ? Une réponse s'impose : il s'agissait de souligner qu'elle appartenait à la condition commune de l'humanité.

Au Temple, Marie présente Jésus au vieillard Siméon, qui fréquente assidûment ce lieu sacré. Ainsi le remet-elle, d'un même mouvement, à Dieu et aux hommes. Et Siméon, inspiré par l'Esprit-Saint, dit Luc, annonce que Jésus est né « lumière pour éclairer les nations » et prophétise : « Toi-même [Marie], une épée te transpercera l'âme » (cette annonce de l'Évangile de Luc a été faite, bien sûr, des décennies après la crucifixion de Jésus). Siméon n'est pas un prêtre ni un lévite, c'est un homme simple et pieux. Il s'agit, comme pour l'adoration par les bergers à la crèche, de souligner que Jésus, né démuni parmi les pauvres, n'a été reconnu, au Temple, que par des gens sans autorité. Ce qui est quelque peu méconnu par Giotto : fidèle à son style, il auréole d'or Siméon et Jésus.

Siméon n'est pas seul. Une vieille dame l'accompagne dans le Temple : Anne (que Giotto représente à l'extrême droite), prophétesse de profession, ce qui n'était pas rare en Judée à l'époque. Âgée de quatre-vingt-quatre ans, elle alla ensuite parler de l'Enfant « à tous ceux qui attendaient la délivrance de Jérusalem ». Ainsi est symbolisée – après la visite des bergers et avant celle des mages – une nouvelle annonce de la naissance du Christ.

Giotto, *La Présentation de Jésus au Temple*, 1304-1306, Padoue, chapelle Scrovegni

XXV LA FUITE EN ÉGYPTE

« Voici que l'Ange du Seigneur apparaît en songe à Joseph et lui dit : "Lève-toi, prends avec toi l'enfant et sa mère, et fuis en Égypte ; et restes-y jusqu'à ce que je te dise. Car Hérode va rechercher l'enfant pour le faire périr." »
Un terrible drame, une raison de s'inquiéter sont rapportés par Matthieu et illustrés par ce *Songe de Joseph* de Luca Giordano. Toujours selon Matthieu, Joseph bénéficie de trois annonces. Celle-ci est dramatique. « L'Ange du Seigneur » l'informe qu'Hérode, le tyran de Jérusalem, veut faire tuer l'Enfant : les mages, quand ils cherchaient celui-ci, lui avaient parlé d'un roi des Juifs, donc d'un futur rival. Hérode ordonne alors la mise à mort de tous les enfants de moins de deux ans à Bethléem : c'est le « Massacre des Innocents », dont on ne trouve aucune trace excepté dans l'Évangile de Matthieu. La fuite évoque le sort de millions de réfugiés au long des siècles. Il s'agit pour les évangélistes de rappeler l'exode du peuple juif en Égypte, tout en soulignant à nouveau les conditions difficiles, sombres, de l'enfance de Jésus. Rien d'aimable, ici, à la différence de tant de représentations des premières années du Christ. C'est au contraire « l'abaissement », comme dit un cantique, du Fils de Dieu, de Marie et de Joseph (à qui, curieusement, Dürer refuse une auréole, [p. 86]). L'enluminure de Jacquemart Hesdin (p. 87) ne rend guère compte de l'aspect dramatique de cette fuite, bien qu'elle montre la Sainte Famille contrainte de chercher refuge dans une grotte. On notera l'importance de la mer et du port qui la borde : un monde riche, semble-t-il, auquel le couple n'a pas accès. Dans la Bible, la mer était souvent représentée comme mauvaise, refuge des puissances démoniaques.

Luca Giordano, *Le Songe de Joseph* (détail), 1680, Vienne, Kunsthistorisches Museum

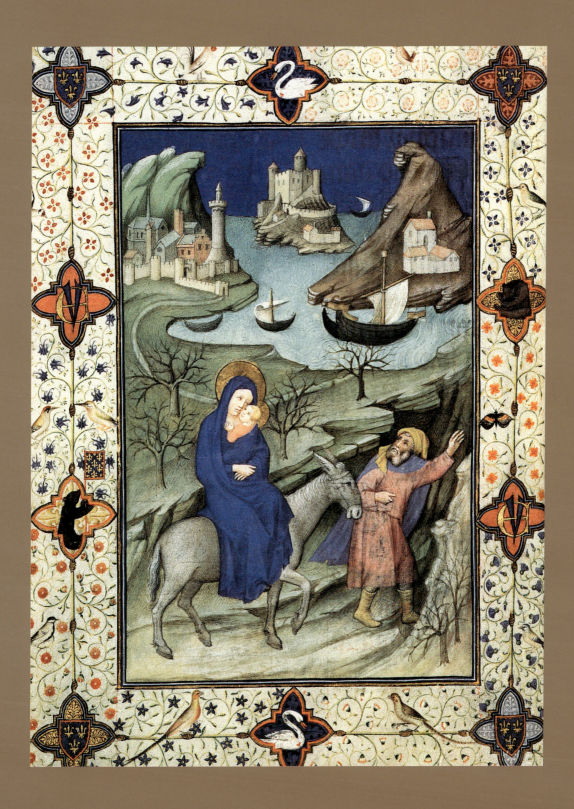

Jacquemart Hesdin, *La Fuite en Égypte* (détail), 1408-1409, Bruxelles, Bibliothèque royale
CI-CONTRE : Albrecht Dürer, *La Fuite en Égypte* (détail), 1495, Dresde, Gemäldegalerie

XXVI L'EXIL ET LE RETOUR

Matthieu, seul évangéliste à évoquer la Fuite en Égypte, ne dit rien des conditions de vie de la famille au pays de Pharaon. Mais Nicolas Poussin la montre nomade, ayant besoin de secours. On pourrait retrouver la même insistance sur la pauvreté si Marie, lumineuse au centre de l'image (Joseph est à peine visible, dans l'ombre), n'était si bien vêtue.
En revanche, l'évangéliste rapporte comment l'Ange apparaît une nouvelle fois en songe à Joseph et lui dit : « Lève-toi, prends avec toi l'enfant et sa mère, et mets-toi en route pour la terre d'Israël ; car ils sont morts, ceux qui en voulaient à la vie de l'enfant. »
Le Caravage le représente (p. 90) superbe, éblouissant : le divin messager occupe le centre du tableau, situation légitime si l'on pense qu'il s'agit de Dieu en personne. Il donne des instructions à Joseph. Joseph et Marie font confiance. Ils ont foi.

Nicolas Poussin, *La Sainte Famille en Égypte* (détail), 1655-1657, Saint-Pétersbourg, musée de l'Ermitage

Caravage, *Le Repos pendant la Fuite en Égypte*, 1596-1597, Rome, galerie Doria Pamphili

XXVII LA VIE FAMILIALE

Au retour, la vie familiale reprend, dont les Évangiles ne disent rien. C'est sainte Anne qui figure au sommet de la composition pyramidale chère à Léonard de Vinci. La présence de l'agneau, très fréquente dans les images de Jésus enfant, se réfère aux paroles prononcées par Jean-Baptiste quand Jésus vient se faire baptiser par lui au bord du Jourdain : « Voici l'agneau de Dieu. » L'agneau, souvent offert en sacrifice au Temple de Jérusalem, symbolise la victime innocente et préfigure la mort de Jésus sur la croix. Le tableau du Caravage (p. 95), où figure à nouveau sainte Anne, est d'une exceptionnelle puissance dramatique alliée à un symbolisme remarquable. C'est le pied de Marie, supportant celui de Jésus, qui écrase le serpent, dont on a fait peu à peu une figure du diable. Depuis les premiers siècles, les Pères de l'Église ont opposé Ève et Marie : celle-ci efface l'action de la première femme qui, en écoutant le serpent, a plongé le monde dans le malheur. L'image de Marie foulant au pied le serpent est très répandue.

Léonard de Vinci, *La Vierge, l'Enfant Jésus et sainte Anne*, 1501, Paris, musée du Louvre
PAGE SUIVANTE, À GAUCHE : Bronzino, *La Sainte Famille avec sainte Anne et le petit saint Jean-Baptiste*, 1550, Paris, musée du Louvre
PAGE SUIVANTE, À DROITE : Caravage, *La Madone des palefreniers* ou *Madone au serpent*, 1605-1606, Rome, galerie Borghèse

XXVIII INQUIÉTUDES D'UNE MÈRE

L'inquiétude, l'angoisse déjà. La famille, très pieuse, est allée en pèlerinage à Jérusalem, rejoindre pour la Pâque – fête du passage qui commémore la sortie d'Égypte du peuple hébreu – des dizaines de milliers de pèlerins. Une longue marche pour les Galiléens. Et voilà que Jésus, à l'approche de ses treize ans peut-être, s'attarde à discuter avec « les docteurs de la Loi », des bénévoles souvent qui, dans le Temple, commentent les Écritures. Ses parents l'ont perdu dans la foule. Ils le retrouveront plus tard. Alors, Marie, encore transie de peur, tressaille secrètement du bonheur des retrouvailles : « Pourquoi nous as-tu fait cela ? » La réponse fuse : « Pourquoi me cherchiez-vous ? Ne savez-vous pas qu'il me faut être chez mon Père ? » Ce que signifie l'évangéliste Luc, c'est que les chemins vont diverger, qu'une séparation commence, avec son lot de peines, même si tous sont animés d'une même foi.

Simone Martini, *Jésus âgé de douze ans au Temple*, 1342, Liverpool, Walker Art Gallery

XXIX LES FAMILIERS

À Nazareth, Marie, Joseph et Jésus n'ont pas vécu isolés, comme on les représente souvent. Dans ce petit village aux maisons entassées, aux portes toujours ouvertes, voisins, frères, sœurs, cousins, cousines couraient de l'une à l'autre, riant, jouant, se disputant. Vivant.
Étonnante sculpture que celle représentée ci-contre, image rare de Marie dans sa famille. Anne rassemble son petit monde dans ses bras. Au centre, Marie, reine couronnée, portant Jésus. Et toute une marmaille.

Les Saintes Parentés, 1510, église de Chavanat

XXX LA VIE QUOTIDIENNE

La solitude est presque impossible dans le petit village de Nazareth. Bien que le peintre Paul Leroy ait eu – comme souvent au XIXe siècle – le souci de « faire vrai », « couleur locale » (à la différence des artistes de la Renaissance), il a ignoré la réalité dans cette représentation touchante de Marie à Nazareth. Et le tableau semble davantage inspiré par les maisons et les paysages d'Afrique du Nord.

Paul Leroy, *Un soir à Nazareth* (détail), XIXe s., Lille, musée des Beaux-Arts

XXXI JOSEPH

« L'enfant grandissait, se fortifiait et se remplissait de sagesse », dit Luc. Joseph contribuait à son éducation, à sa formation. Un père « enfante » aussi, à sa manière. Joseph lui apprenait à tailler le bois, à dresser les murs et les terrasses des maisons de Nazareth bâties de briques et de boue, bien différentes des palais de marbre où tant de peintres ont situé cette famille sainte. C'est Joseph aussi qui, trois fois la semaine, le conduisait à la synagogue.
Pourtant, les Évangiles ne parlent plus de lui après le pèlerinage au Temple alors que Jésus est adolescent. Ils sont également muets sur sa mort dont on ignore donc la date.
Ici, le peintre représente Jésus le bénissant, comme un homme mûr, qui a peut-être commencé à prêcher la Bonne Nouvelle. Fait rare : Marie est presque effacée, bien qu'elle occupe le centre du tableau.

Carlo Maratta, *La Mort de Joseph* (détail), 1676, Vienne, Kunsthistorisches Museum

Lamentation du Christ (détail), 1164, Nerezi, Panteleimon Church

Dans l'ombre de Jésus

Quand Jésus commence sa mission, Marie s'efface.
Tel est souvent le sort des mères. Dans l'Évangile de Jean,
elle n'apparaît que deux fois : à Cana et au pied de la croix.
Dans les trois autres Évangiles, elle intervient tandis que Jésus
prêche. Mais il est tout entier à ses auditeurs : « Qui est ma
mère ? et mes frères […] ? Quiconque fait la volonté de Dieu,
celui-là m'est un frère et une sœur et une mère. »
L'épreuve, déjà. Le pire est à venir : la croix.

XXXII LES NOCES DE CANA

Jésus et Marie ont été invités à un mariage à Cana, en Galilée. Voyant que le vin des noces est épuisé, Marie avertit Jésus et dit aux serviteurs : « Faites tout ce qu'Il vous dira. » Jésus leur ordonne de remplir d'eau six jarres destinées aux purifications, puis de puiser et de porter une coupe au maître du repas. L'eau a été changée par Jésus en « vin nouveau ».
Le très célèbre miracle de Cana, conté par le seul Évangile de Jean, est chargé de symboles. Le « vin nouveau » est l'annonce d'une nouvelle Loi, plus riche dans la foi en un même Dieu unique. L'important, pour Marie, c'est la totale confiance qu'elle manifeste quand elle se tourne vers son fils. Elle est sûre de lui. Véronèse et le Tintoret (p. 108), chacun dans son style, les placent tous deux au cœur de la scène, ignorant les nouveaux mariés. Mais l'Évangile de Jean en fait autant : principaux bénéficiaires de l'action de Jésus, ils ne sont pas nommés, identifiés, contrairement à ce que l'on peut lire dans la plupart des autres récits de miracles. La mariée n'apparaît même pas dans le récit. L'intérêt de l'évangéliste est ailleurs : Marie symbolise pour lui Israël qui met toute sa confiance en Dieu.

Tintoret, *Les Noces de Cana* (détail), 1561, Venise, Santa Maria della Salute
DOUBLE-PAGE SUIVANTE : Véronèse, *Les Noces de Cana*, 1563, Paris, musée du Louvre

XXXIII LES ADIEUX DE JÉSUS À MARIE

Jésus semble vouloir bénir sa mère au moment de la quitter. Elle s'interroge.
Marie a été élevée dans la foi juive traditionnelle. Elle a éduqué son enfant dans le respect
de ses croyances et l'observation stricte de ses rites. Et voilà qu'il les remet en cause,
en partie, dans ses propos et, elle le pressent, dans ses actes. Une difficulté pour elle,
peut-être dramatique et trop souvent ignorée.

Gérard David, *Le Christ bénit la Vierge Marie* ou *La Séparation du Christ et de Marie*,
1500, Bâle, Kunstmuseum

XXXIV JÉSUS HUMILIÉ, MARIE BRISÉE

Jésus a prêché l'amour – « Aimez vos ennemis » –, montré le visage de Dieu (ni vengeur, ni coléreux, et puissant seulement de la puissance de l'Amour, comme le Père du fils prodigue). Mais il a aussi dérangé, voire scandalisé quand il s'en est pris au Temple de Jérusalem, lieu sacré où bat le cœur d'Israël. Il s'est fait des ennemis, nombreux. Le voilà arrêté, condamné.
L'épreuve la plus dure commence, c'est la nuit du supplice. Avant d'être crucifié, Jésus est humilié. On déchire sa tunique, on le flagelle, on lui fait porter une couronne d'épines. Étrange composition que celle, ci-contre, de Fra Angelico : peu réaliste mais très suggestive. Elle représente les instruments du supplice que Jésus subit : la couronne d'épines à peine suggérée, les crachats. Jésus semble n'en être pas atteint ; il prie. Il est ailleurs, au-dessus de ces outrages. Marie pleure. Saint Dominique (Fra Angelico était dominicain) médite.

Fra Angelico, *Le Christ bafoué, la Vierge et saint Dominique*, 1439-1445, Florence, couvent de San Marco

XXXV MARIE SUR LE CHEMIN DE CROIX

Jésus est emmené par les légionnaires romains sur le Golgotha, le « champ du crâne ». Ceux-ci laissent-ils les passants approcher le condamné à mort ? Ce n'est pas impossible. Ils suivent par d'étroites venelles, des ruelles envahies de pèlerins affairés aux derniers préparatifs de la fête de la Pâque. Les uns curieux, d'autres apitoyés, d'autres encore injurieux et railleurs. Quelques fidèles aussi. Et, non loin, Marie.

Giovanni Domenico Tiepolo, *Portement de Croix : Le Christ rencontre sa mère*, 1749, Venise, église San Polo

XXXVI DOULEUR DE MARIE

Jésus va mourir.
Marie défaille.
Le silence s'impose.

Jules Eugène Lenepveu, *La Vierge au Calvaire*, 1861, Nantes, musée des Beaux-Arts

XXXVII   LA MISE EN CROIX

La croix, le pire supplice, le plus infamant, venu de Perse croit-on, et dont les Romains avaient généralisé l'usage. Le plus terrible et le plus cruel des châtiments, disait Cicéron. Les crucifiés, attachés souvent avec des cordes, parfois – comme Jésus – avec des clous, mouraient d'étouffement et d'épuisement. Le peuple, les témoins, étaient alors tenus à l'écart, comme ici les « saintes femmes » évoquées par l'Évangile, qui ont fidèlement suivi tandis que les apôtres se terraient.

Albrecht Dürer, *La Crucifixion du Christ* (détail), 1495, Dresde, Gemäldegalerie

XXXVIII MARIE ET JEAN AU PIED DE LA CROIX

Jésus mort, un notable, Joseph d'Arimathie, a obtenu des Romains la permission d'enlever le corps pour éviter qu'il soit jeté dans la fosse commune des suppliciés. À l'arrière-plan, Marie et Jean, le « disciple que Jésus aimait ». L'Évangile de Jean rapporte que le mourant, dans un dernier souffle, lui a confié sa mère. Une scène d'un grand symbolisme : Jean évoque Marie à deux reprises seulement : à Cana, au tout début du départ de Jésus en mission, et ici, lors de la crucifixion. Comme à Cana, Marie représente aussi Israël, dont les disciples de Jésus doivent accueillir l'héritage – le prendre chez eux, comme dit l'évangéliste à propos de Marie – et s'en inspirer sans cesse.

Arnold Böcklin, *Lamentation du Christ* (détail), 1876, Berlin, SMPK, Nationalgalerie

XXXIX LA PIETÀ

Marie à bout de pleurs et de souffrances, tenant le corps de son fils : la Pietà. Le Moyen Âge, obsédé par les ravages de la mort, en multipliera l'image. Saint Bernard écrit alors :
« La lance a ouvert le côté de Jésus, mais c'est ton âme,
ô mère bienheureuse, qu'elle a transpercée. »
Les représentations de la Pietà inspireront ensuite les artistes jusqu'à nos jours.

Michel-Ange, *Pietà*, 1498-1499, Rome, basilique Saint-Pierre
DOUBLE-PAGE SUIVANTE : Enguerrand Quarton, *Pietà de Villeneuve-lès-Avignon*, 1460, Paris, musée du Louvre

XL LA DÉPLORATION

Les mères le savent. Toujours, même dans la foule, même entourées de parents et d'amis, elles se sentent seules devant le corps de l'enfant mort. Mutilées.

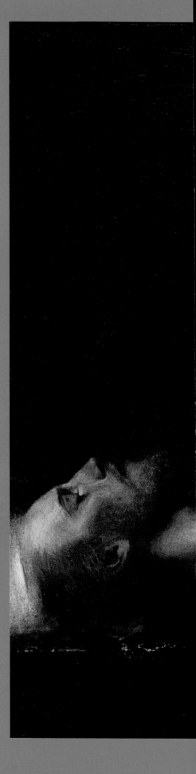

Franz von Stuck, *Pietà* (détail), 1891,
Francfort-sur-le-Main, Städelsches Kunstinstitut

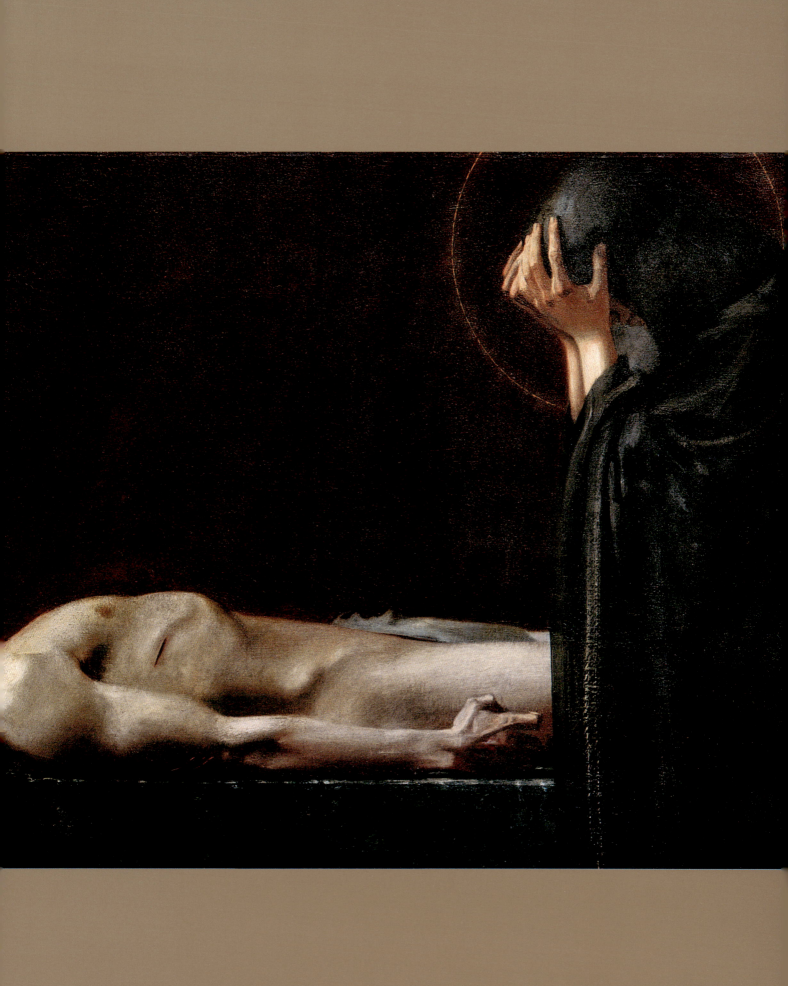

LXI MARIE ET LES DISCIPLES À L'ASCENSION

Cela se passait, selon Luc, non loin de Jérusalem. Jésus emmena ses compagnons dans la campagne, il les bénit, « et il advint, comme il les bénissait, qu'il se sépara d'eux et fut emmené au ciel ».
Marie était-elle présente ? C'est possible, puisque le même Luc, dans les Actes des Apôtres, relate que ceux-ci, après l'Ascension, se réunissaient pour prier à Jérusalem, « avec Marie, mère de Jésus, et les frères de celui-ci ».

Andrea Mantegna, *L'Ascension du Christ*, 1464, Florence, galerie des Offices

Moretto da Brescia, *Couronnement de la Vierge* (détail), 1530, collection particulière

La Femme sainte

La mère du Christ fut déclarée, au IVe siècle, mère de Dieu – en grec, *Theotokos*. Des foules en Orient acclamaient « la Théotokos ». Alors, religieux, théologiens, croyants s'interrogèrent toujours davantage à son propos. La Théotokos avait-elle pu mourir ? Quelle place tenait-elle dans le ciel ? Le corps qui avait porté Jésus pouvait-il avoir été « réduit en poussière » ? Des siècles de questions, de débats. Et de foi.

XLII LA DORMITION

Au Moyen Âge, l'idée se répandit que Marie, préservée du péché originel, l'aurait été aussi de la mort et qu'elle se serait endormie (le Nouveau Testament n'en dit rien). Une tradition naquit donc, dite de la « dormition de Marie ». Celle-ci aurait ainsi bénéficié d'une grâce dont Jésus lui-même avait été exclu. Était-elle morte ou seulement endormie ? Le débat sur cette tradition s'est poursuivi jusqu'au concile Vatican II, au milieu du XXe siècle. Jean-Paul II, en 1997, a tranché : « Il existe une tradition commune qui voit dans la mort de Marie son introduction dans la gloire céleste. »

Caravage, *La Mort de la Vierge* (détail), 1601-1606, Paris, musée du Louvre

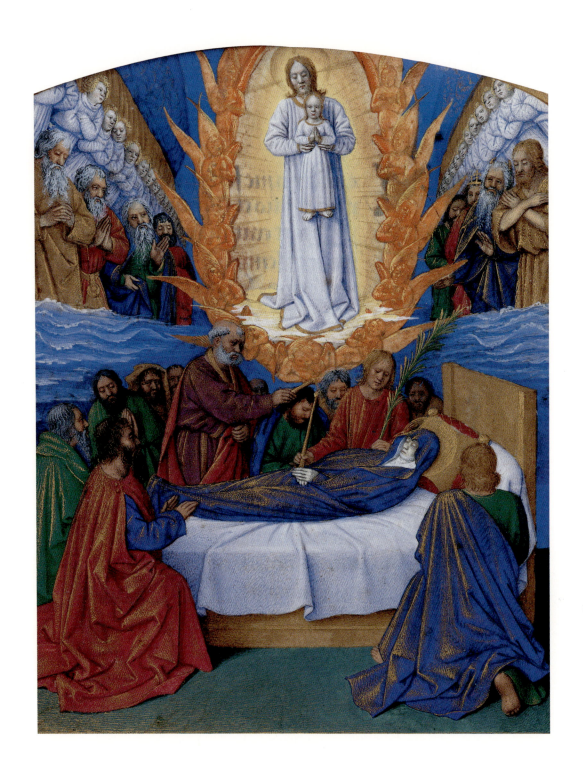

Jean Fouquet, *La Mort de la Vierge*, 1455, Chantilly, musée Condé
CI-CONTRE : Jean Fouquet, *Les Funérailles de la Vierge*, 1455, Chantilly, musée Condé

XLIII L'ASSOMPTION

C'est à la fin du Vᵉ siècle qu'ont commencé à se répandre en Orient des textes narrant la mort de Marie : pour les uns, son corps est resté dans le tombeau, mais lumineux et incorruptible ; pour d'autres, il a été enlevé au paradis par Jésus lui-même. Cette « assomption » est fêtée le 15 août. Au XIXᵉ siècle, de nombreuses pétitions furent adressées au Vatican pour que le pape en fasse un dogme, une vérité de foi. Pie XII exauça ce vœu en 1950, après avoir consulté tous les évêques du monde, en disant que « Marie a été élevée corps et âme dans la gloire céleste ». Les peintres, sur ce point, l'avaient devancé.

Nicolas Poussin, *L'Assomption de la Vierge*, 1649-1650, Paris, musée du Louvre

XLIV LE COURONNEMENT

Dès les premiers siècles, en Orient, on commence à célébrer Marie comme la reine des cieux. Les artistes byzantins la représentent portant les mêmes vêtements que l'impératrice. Les mosaïques, dont ils sont spécialistes, la montrent couronnée par son fils (p. 141). Au concile d'Éphèse, où les débats sur le rôle qu'elle a joué sont très vifs, Cyrille d'Alexandrie, dont les thèses l'emportent, prononce un discours enthousiaste : « Salut Marie, mère de Dieu, majestueux trésor commun au monde entier, lampe inextinguible, couronne de virginité, sceptre de l'orthodoxie, temple indissoluble, demeure de Celui-Qui-Est-Sans-Limites. »
Le couronnement de la Vierge par son Fils ou par Dieu, Père et Fils réunis, va inspirer des chefs-d'œuvre aux plus grands peintres. Au Moyen Âge, le trouvère Rutebeuf l'appelait « Ma sainte Reine belle, glorieuse pucelle, Dame de grâce pleine ».
L'exaltation de Marie, notamment à cette époque, amène certains à se demander si l'on n'en faisait pas une « quatrième personne de la Trinité ».

Jan Van Eyck, *Marie, Reine des Cieux* (détail), 1390-1411, Gand, cathédrale Saint-Bavon
PAGE SUIVANTE, À GAUCHE : Véronèse, *Le Couronnement de la Vierge* (détail), 1555, Venise, église San Sebastiano, sacristie
PAGE SUIVANTE, À DROITE : *Le Couronnement de Marie*, 1290, Rome, Santa Maria Maggiore

XLV LE JUGEMENT

Marie, au début du deuxième millénaire, apparaît de plus en plus comme l'avocate qui intercède pour « nous, pauvres pêcheurs, maintenant et à l'heure de notre mort ».
C'est peut-être ce retable qui illustre le mieux l'importance exceptionnelle qu'on lui donne au Moyen Âge. Elle en occupe le centre, couronnée par le Père et le Fils et survolée par la colombe représentant le Saint-Esprit, comme une « Quatrième personne de la Trinité ». À droite et à gauche, des élus, presque uniquement religieux. Vers le bas, notre Terre, reliée au Ciel par un petit crucifix. Et, sous terre, l'enfer et le purgatoire. De celui-ci, à gauche, s'échappent quelques âmes qui s'envolent vers Marie comme de petites flammes. Un ange aide l'une d'elles à échapper aux tourments ; selon la tradition, c'est celle d'un pape.

Enguerrand Quarton, *Le Couronnement de la Vierge* (détail), 1454, Villeneuve-lès-Avignon, musée Pierre de Luxembourg

XLVI MARIE AVOCATE AU TRIBUNAL DE DIEU

C'est au Moyen Âge seulement que fut définie l'existence
du purgatoire, lieu où, pendant un temps d'épreuve, sont purifiés
les pécheurs admis à partager plus tard le bonheur de Dieu.
Dès lors, les vivants furent invités à prier pour leurs morts,
afin que ce temps d'épreuve soit le plus court possible. Ils eurent
naturellement l'idée de recourir à Marie, afin qu'elle intercède
en faveur de leurs défunts. Ainsi, à ce qu'on appelait
« le tribunal de Dieu », elle devint l'avocate par excellence.
L'Église catholique préfère que l'on parle, à propos de Marie,
d'intercession ou de médiation. Qu'on la prie en disant
« priez pour nous » plutôt qu'« exaucez-nous », afin qu'elle
ne soit pas placée au même rang que Dieu. Mais avec
la certitude que sa parole est écoutée, par privilège.
« Jésus ne peut rien refuser à sa mère », dit une formule pieuse.
De nombreux tableaux les représentent, ensemble,
au-dessus des nuées et des humains.

Tintoret, *Le Paradis* (détail), 1588-1592, Venise, palais des Doges

Sandro Botticelli, *Vierge à l'Enfant et six anges* ou *Madonne à la Grenade* (détail), 1487, Florence, galerie des Offices

Marie aux mille visages

Madone, Maria, Vierge des sept douleurs, Reine des cieux, Notre-Dame de dizaines de cathédrales et de centaines de villages, mère de Dieu, ou tout simplement Marie, elle est priée, vénérée, admirée sous tous les cieux. Presque considérée à l'égal de Dieu même. Et surtout aimée, parce qu'elle est toute à tous. Marie aux mille visages.

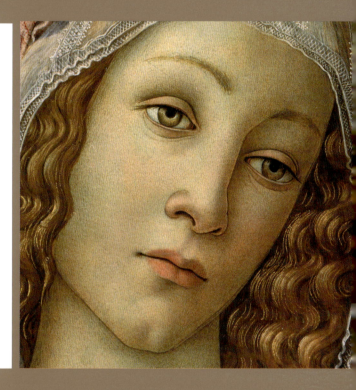

XLVII LA PURETÉ

« Comme un lys au milieu des épines,
telle est mon amie. »
Un vers du Cantique des cantiques souvent appliqué à Marie. Aux yeux de bien
des croyants, elle est d'abord « la jeune fille, avec ce que cela signifie d'innocence,
de foi en l'avenir, de beauté ».

Pierre Paul Prud'hon, *Portrait de Marie en jeune fille* (détail), 1811, Moscou, musée Pouchkine

XLVIII L'ADORATION POPULAIRE

La dévotion populaire n'a pas toujours donné naissance
à des chefs-d'œuvre. Mais de telles images ont inspiré élans,
tendresse, émotion, prières enfin.

Anonyme, *Vierge avec l'Enfant Jésus* (détail), 1937,
Berlin, collection des Archives d'art et d'histoire

XLIX LA MÈRE BRISÉE

Un autre visage de Marie, celui de la mère qui a perdu son enfant, l'a rapprochée des femmes – si nombreuses – privées des leurs. À partir du Moyen Âge surtout. C'est au XIIe siècle que l'on commença à chanter le *Stabat mater dolorosa* (« La Mère, blessée, se tenait au pied de la croix »), sur un texte du poète italien Jacopone da Todi, qui par la suite inspirera les plus grands compositeurs. Saint Bernard écrivit : « Il a pu mourir dans son corps, pourquoi n'aurait-elle pas pu mourir avec lui par le cœur ? »

Rosso Fiorentino, *Pietà*, 1530-1540, Paris, musée du Louvre

L MARIE PROTECTRICE

La mère est aussi la protectrice de ses enfants. On a retrouvé une inscription en grec, sur un fragment de papyrus datant de la fin du IIIe siècle ou du début du IVe, qui est peut-être la première prière adressée à Marie. Elle dit : « Nous nous réfugions sous ta protection, ô sainte mère de Dieu. Dans notre besoin, ne rejette pas notre prière, mais protège-nous en même temps de tous les dangers. » Cette imploration s'est poursuivie jusqu'à nos jours.

Les images de la Vierge protégeant d'un grand et impérial manteau les pauvres, les puissants, les enfants et les pécheurs se sont multipliées dès le Ve siècle. Elles furent particulièrement nombreuses au XIXe. Celle ci-contre représente notamment des religieuses. Il faut dire qu'en ce siècle où la dévotion mariale connut un extraordinaire essor, pas moins de cent quarante-neuf congrégations furent dédiées à Marie en France. Plus qu'au Christ lui-même.

Marie, au long des siècles, s'installe aux porches des églises, sur les vitraux, mais aussi au coin des chemins et des rues, dans de minuscules niches perchées au-dessus des portes, partout où l'on souhaite sa protection – contre la guerre, contre la faim, contre la peste, contre le mal.

Notre-Dame de Bon Secours, 1829-1837,
Paris, musée national des Arts et Traditions populaires

LI NOTRE-DAME

Il arriva souvent aux chefs des États catholiques de placer leur pays sous la protection de Marie. Ainsi le roi Louis XIII, en 1638, lui demanda publiquement dans un vœu solennel de « défendre avec tant de soin ce royaume contre l'effort de tous ses ennemis, que ce soit qu'il souffre le fléau de la guerre ou jouisse de la douceur de la paix… ». Le tricentenaire de cette consécration de la France à la Vierge a été célébré en 1938 avec un éclat d'autant plus vif que chacun sentait venir la guerre. Et, le 19 mai 1940, neuf jours après le début victorieux de l'offensive allemande contre la France, le gouvernement laïque de la IIIe République fit célébrer une messe dans la cathédrale de Paris, pour demander la protection de « Notre-Dame ».

Jean Auguste Dominique Ingres, *Le Vœu de Louis XIII* (détail), 1824, Montauban, cathédrale Notre-Dame

LII BONHEUR DE LA MATERNITÉ

Aux yeux de millions de femmes, Marie est d'abord une mère parmi les mères. Comme elles, elle a connu les mêmes soucis, les mêmes joies, les mêmes interrogations sur l'avenir de l'enfant, les mêmes bonheurs paisibles.

« Je n'ai rien à offrir, Mère, et rien à demander.
Je viens seulement pour vous regarder.
Parce que vous êtes belle. »

Paul Claudel, *Poèmes de guerre*, in Œuvres complètes, Paris, Gallimard, 1990

Raphaël, *La Madone du grand-duc* (détail), 1504-1505, Florence, palais Pitti, galerie Palatino